Optionsstrategien für Beginner

Investment Academy

# Optionsstrategien für Beginner

Schritt für Schritt
vom Anfänger zum Profi
in Sachen Binäre Optionen / Binary
Options, Futures und Termingeschäfte -
lerne Strategien, Risikomanagement &
die korrekte Auswahl

Ein Buch der **Investment Academy**

## Achtung

Dieses Buch ist lediglich eine Einführung in die Thematik und stellt keine Finanz- oder Anlageberatung dar. Dem Handel mit Optionen unterliegt immer ein gewisses Verlustrisiko.

© 2021 by Investment Academy

BN Publishing
ISBN 978-9-3143-3261-8

# Inhaltsverzeichnis

Optionsstrategien für Beginner ........................ 3

Vorwort .................................................................. 7

Binäre Optionen - Chance oder
unkalkulierbares Risiko? ................................. 10

Was sind binäre Optionen? ............................ 15

Die möglichen „Wetten" ................................. 17

Welche Bereiche stehen zur Verfügung? ....... 19

Der Handel ...................................................... 21

    Wo kann mit binären Optionen gehandelt werden? Aktien ................................... 23

    Hohe Gewinne und geringe Kosten .......... 24

    Der Handel mit binären Optionen ist kostengünstig ...................................... 25

    Die Vorteile im Überblick .......................... 27

Wie gefährlich ist der Handel mit binären
Optionen tatsächlich? .................................... 33

    Zu Beginn können die Verluste höher als die Gewinne ausfallen ............................. 34

    Kurze Laufzeiten bedeuten ein hohes Risiko
.......................................................... 35

    Nicht alle Broker sind seriös ..................... 36

Der Broker-Vergleich ..................................... 37

Welche Kriterien sollten Sie berücksichtigen, wenn Sie einen Broker-Vergleich durchführen? ................. 38

Welche Strategien sind erfolgversprechend? . 47

Auf der Suche nach der perfekten Strategie ................................................. 49

Die technische Analyse ................ 53

Das Risikomanagement - eine Schritt-für-Schritt-Anleitung ............................. 59

Die 10 goldenen Regeln ............... 61

# Vorwort

Schon seit geraumer Zeit gibt es zahlreiche Broker, die den Handel mit den binären Optionen bewerben. „Hohe Gewinne", „geringe Investitionssummen", „einfache Handelsform" - doch was steckt hinter den binären bzw. digitalen Optionen? Eignet sich diese Handelsform tatsächlich auch für Anfänger oder sollten sich nur erfahrene Trader mit binären Optionen befassen?

Wer sich für den Handel mit binären Optionen interessiert, der muss sich im Vorfeld natürlich mit der Materie befassen. Einerseits geht es um die fachspezifischen Begriffe, andererseits um die zahlreichen Möglichkeiten, die im Zuge des Handels zur Verfügung stehen. Aber es geht auch um das Risiko, das der Trader eingeht, wenn er sein Geld in binäre Optionen investiert.

Sie sind ein Anfänger und interessieren sich für den Handel mit binären Optionen. Dann entscheiden Sie sich für den Ratgeber „Optionsstrategien für Beginner - Schritt für Schritt vom Anfänger zum Profi in Sachen Binäre / Binary Optionen, Futures und Termingeschäfte - Lerne Strategien, Risikomanagement & die korrekte Auswahl". In diesem Ratgeber finden Sie zahlreiche Antworten auf Ihre Fragen und werden am Ende auch ein umfangreiches Wissen haben und somit auch wissen, worauf es tatsächlich ankommt.

Was ist im Zuge eines Broker-Vergleichs zu berücksichtigen? Sind alle Broker, die sich auf die binären Optionen spezialisiert haben, unseriös? Stimmen die Erfahrungsberichte jener Trader, die nur deshalb Verluste einfahren mussten, weil die Broker nicht richtig gearbeitet haben?

Was sind Call- oder Put-Optionen? Wie wird auf den Markt „gewettet"? Gibt es mitunter Analysen, sodass der Handel mit binären Optionen nicht in die Kategorie „Glücksspiel" eingeordnet werden muss oder geht es tatsächlich nur um das Bauchgefühl?

Der Ratgeber „Optionsstrategien für Beginner - Schritt für Schritt vom Anfänger zum Profi in Sachen Binäre / Binary Optionen, Futures und Termingeschäfte - Lerne Strategien, Risikomanagement & die korrekte Auswahl" befasst sich natürlich auch mit den unterschiedlichen Vor- und Nachteilen. Einerseits gibt es kaum Gebühren, andererseits können Fehlentscheidungen richtig teuer werden.

Der Handel mit den binären Optionen mag zwar einfach sein, jedoch lauern extrem viele Gefahren, die im Vorfeld berücksichtigt werden müssen. Nur dann, wenn ein paar Tipps und Tricks berücksichtigt werden, kann man am Ende auch das Risiko senken.

Des Weiteren findet sich in dem Ratgeber „Optionsstrategien für Beginner - Schritt für Schritt vom Anfänger zum Profi in Sachen Binäre / Binary Optionen, Futures und Termingeschäfte - Lerne Strategien, Risikomanagement & die korrekte Auswahl" auch eine Schritt-für-Schritt Anleitung für das Risikomanagement.

Wir wünschen viel Vergnügen beim Lesen

Ihr Investment Academy Team

# Binäre Optionen - Chance oder unkalkulierbares Risiko?

Selbstverständlich wollen auch die Kleinanleger nicht nur langfristig in sichere investieren - auch sie entscheiden sich immer wieder für Finanzprodukte, die eine höhere Rendite in Aussicht stellen. Nicht jeder Kleinanleger will monatlich 50 Euro in ein Finanzprodukt investieren und nach 30 Jahren die gesparte Summe - samt Zinsen - ausbezahlt bekommen. Hin und wieder möchte man das Geld auch derart einsetzen, sodass man innerhalb kürzester Zeit eine hohe Summe verbuchen kann. Natürlich sind derartige Projekte riskant. Nicht immer müssen kurzfristige Investitionen, die hohe Gewinne versprechen, auch tatsächlich zum Erfolg führen. Doch ist die Angst vor einem möglichen Verlust tatsächlich höher als die Chance, die sich dem Kleinanleger öffnet, wenn er sich für ein riskantes Finanzprodukt entscheidet?

Sie haben keine Angst vor einem hohen Risiko und wünschen sich schnelle Gewinne? Dann werden Sie mitunter schon auf den Handel mit binären Optionen gestoßen sein. Hohe Rendite sind vorprogrammiert - ein hohes Risiko aber ebenfalls!

Binäre Optionen gehören zu den klassischen Optionen, die Ihnen vielleicht schon aus dem Derivatehandel bekannt sind. Mitunter haben Sie bereits schon über binäre Optionen gelesen - immer wieder gibt es (vorwiegend negative) Berichte, die sich mit der „neuen" Handelsform auseinandersetzen. Neu deshalb, weil private Anleger erst seit geraumer Zeit einen Zugriff haben.

Der Handel mit den binären Optionen ist noch jung und wird von den privaten Kleinanlegern erst seit dem Jahr 2010 verfolgt. Bis zu diesem Zeitpunkt waren die privaten Trader vorwiegend mit dem Forex- oder CFD-Handel beschäftigt. Selbst heute gibt es viele Trader, die den Handel mit binären Optionen ablehnen - das liegt wohl auch an der Tatsache, weil es viele Trader gibt, die über kein umfangreiches Hintergrundwissen verfügen und der Ansicht sind, es handle sich um eine „gefährliche Modeerscheinung". Der Handel mag zwar „gefährlich" sein, jedoch sind binäre Optionen schon lange kein Trend mehr. Am Ende geht es um nur eine weitere Möglichkeit, wie man - innerhalb kürzester Zeit - sein Kapital aufstocken kann.

Doch warum werden binäre Optionen immer beliebter? Einerseits geht es den schnellen Gewinn und die sehr einfach zu verstehende Struktur, andererseits ist es auch die Sehnsucht der Anleger, die sich wieder bessere Renditen wünschen. Ob Tages- oder Festgeldkonto, ob Sparbuch oder fondsgebundene Lebensversicherung - entweder handelt es sich um extrem lange Laufzeiten oder um die Tatsache, dass es kaum noch Zinsen gibt. Problematisch wird es dann, wenn beide Eigenschaften - also die lange Laufzeit und die kaum vorhandenen Zinsen - in einem Produkt zusammengefasst werden. Die Anleger, die ihr Geld für sich arbeiten lassen möchten, sind schon seit Jahren verzweifelt. Ein Ende der Niedrigzinsphase, die schon seit mehreren Jahren aufrecht ist und dafür sorgt, dass das Ersparte aufgefressen wird, noch lange nicht in Sicht. Vor wenigen Wochen sprach man noch davon, dass mit dem Jahr 2018 auch das Ende der Niedrigzinsphase kommen würde - nun sind die Experten der Meinung, dass eine Trendumkehr erst mit frühestens 2019 realistisch scheint.

Doch lohnt sich das Risiko tatsächlich, wenn Anleger mit binären Optionen handeln? Sind die möglichen Gewinne, die sehr wohl gemacht werden können, wirklich so hoch, dass auch ein Totalverlust akzeptiert werden würde?

Vor allem darf nicht immer die Argumentation verwendet werden, dass der Handel extrem riskant sein würde. Auch der Forex- und der CFD-Handel bringen extrem hohe Verlustrisiken mit - vergleicht man den Forex- oder CFD-Handel mit den binären Optionen, so kann sogar gesagt werden, dass der Trader, der sich für binäre Optionen entschieden hat, sogar ein geringeres Risiko eingeht. Vor allem dann, wenn er ein paar Tipps und Tricks berücksichtigt und sich im Vorfeld mit den Eigenheiten der Materie anvertraut hat. Fakt ist: Der Handel besteht nicht nur aus „Call" oder „Put" - es gibt viel mehr Möglichkeiten, sodass das Risiko reduziert werden kann.

Zudem kann der Trader das Risiko auch dann reduzieren, wenn er im Vorfeld Informationen einholt. Nur dann, wenn man sich mit den binären Optionen befasst und die Märkte verstehen lernt, kann man sehr wohl das Risiko senken. Doch - und das ist ebenfalls ein Aspekt, der von zahlreichen Brokern gerne verschwiegen wird - das heißt nicht, dass Verluste zur Gänze verhindert werden können. Aufgrund der Tatsache, dass die Märkte oft nicht so reagieren, wie man sich das vorstellt, sind immer wieder Verluste möglich. Am Ende muss das Motto verfolgt werden, dass die Gewinne immer höher als die Verluste ausfallen müssen. Ganz egal, ob es sich um die täglichen, monatlichen oder jährlichen Gewinne handelt.

Doch auch wenn der Handel riskant ist, so sollte man sich nicht ausschließlich mit den Gefahren befassen. Es gibt sehr wohl einige Vorteile, die keinesfalls außer Acht gelassen werden dürfen. So ist der Handel mit den binären Optionen extrem kostengünstig. Des Weiteren gibt es keine lange Laufzeit. Ein weiterer Punkt, der bereits erwähnt wurde - mit binären Optionen kann tatsächlich das Kapital aufgestockt werden. Wer hier richtig liegt, der kann - binnen Minuten - Gewinne im vier- bis fünfstelligen Bereich einfahren. Fairerweise muss man jedoch sagen, dass das Risiko, sehr überspitzt formuliert, im selben Bereich liegt.

Fakt ist, dass der Handel mit den binären Optionen zwar eine hohe Rendite verspricht, aber keinesfalls jenen Anlegern empfohlen werden kann, die sicherheitsbewusst sind und das Risiko scheuen.

# Was sind binäre Optionen?

Die binären Optionen gehören in die Gruppe der sogenannten Finanzderivate. Das heißt, dass die Geschäfte nicht durch den An- oder Verkauf von Werten in Form von Rohstoffen, Wertpapieren oder Devisen gemacht werden. Es handelt sich um Zahlungsvereinbarungen, die auf Basis einer Wette beruhen. Dabei wetten die Trader auf bestimmte Ereignisse. Das können etwa Kursanstiege oder auch Kursrückgänge sein, die aufgrund verschiedener Gründe eintreten können.

Wie der Name mitunter schon verrät, gibt es beim Handel mit den binären Optionen zwei Möglichkeiten: Liegt der Trader richtig, so verbucht er einen Gewinn - hat der Trader aber falsch getippt, so verliert

er den eingesetzten Betrag.

Der Begriff binäre Option, wobei auch die Bezeichnung digitale Option richtig ist, wird aus der Computerbranche abgeleitet. Auch im Binärsystem wird ausschließlich mit zwei Zuständen gearbeitet - das sind die Zahlen 1 und 0. Legt man die zwei Zustände auf die binären Optionen um, so wird aus der Ziffer 1 „Gewinn" und aus der Ziffer 0 „Verlust".

# Die möglichen „Wetten"

Eine klassische Option wäre etwa, wenn auf den Fall oder Anstieg eines Börsenkurses gesetzt wird. Eine weitere Möglichkeit wäre etwa die Vorhersage, ob der DAX - innerhalb der nächsten drei Tage - eine bestimmte Höhe erreichen kann (siehe das Kapitel: „Welche Strategien sind erfolgversprechend?" / „Auf der Suche nach der perfekten Strategie"). Derartige Wetten werden aber nicht, wie das sonst so üblich ist, bei einem Buchmacher platziert - hier kommen die Broker zum Einsatz, die als Handelspartner fungieren (siehe das Kapitel: „Der Broker-Vergleich"). Auf den Plattformen werden die verschiedensten Optionen angeboten. So gibt es etwa die sogenannte Call-Option - der Trader hat das Recht, dass er ein bestimmtes Gut kaufen kann. Die Put-Option ist das genaue Gegenteil - der Handelspartner kann das Handelsgut verkaufen. Der Vertrag muss - im Gegensatz zur sogenannten Call-Option - nicht erfüllt werden. Dem Verkäufer bleibt am Ende die freie Entscheidung, ob die Vertragsvereinbarung erfüllt wird oder nicht. Wird in weiterer Folge verkauft, so bekommt der Handelspartner eine Prämie.

# Welche Bereiche stehen zur Verfügung?

### Die Währungs- oder Devisenoptionen

Der Handelnde erwirbt hier das Recht, am Ende oder während des Zeitraums, der im Vorfeld definiert wurde, eine bestimmte Anzahl an Devisen zu erwerben. Auch der Preis wurde im Vorfeld festgelegt. Für den weiteren Handel gelten die Bedingungen für Put- und auch Call-Optionen.

### Indexoptionen

Die Wette bezieht sich hier auf einen Indexwert. Das kann etwa ein Aktien-, Rohstoff- oder auch Branchenindex sein. Aufgrund der Tatsache, dass dem Handel kein Gut zugrunde liegt, kann über die Geldtransaktion abgerechnet werden.

### Warenoption

Hier wird das Recht erworben, zu einem im Vorfeld definierten Zeitpunkt, Qualität und Preis zu liefern oder zu beziehen. Auch in diesem Fall gibt es keine Transaktion von Waren.

### Der Basiswert

Aufgrund der Tatsache, dass es keine existierenden Handelswaren gibt, liegt der Handel mit den binären Optionen ein bestimmter Basis- oder Bezugswert zugrunde. Hier spricht man auch von Underlying. Das heißt, es wird auf den Fall oder Anstieg gewettet - das kann etwa der Kurs einer bestimmten Aktie sein. Als Basiswerte können aber auch Währungs- oder Aktienindizes eingesetzt werden.

Fakt ist, dass binäre Optionen keinen Wert haben, sondern nur die Wertentwicklung des Basiswerts spiegeln. Das heißt, es kann sich immer um unterschiedliche Finanzprodukte handeln.

# Der Handel

Möchten Sie mit binären Optionen handeln? Dann brauchen Sie im Vorfeld einen Broker (siehe das Kapitel „Der Broker-Vergleich"). Der Broker ist der Vermittler der Angebote. Findet der Handel außerbörslich statt, so werden die Transaktionen über Online-Broker oder auch über verschiedene Handelsplattformen durchgeführt. Doch nicht alle Broker verfolgen dieselben Arbeitsweisen (siehe das Kapitel: „Der Broker-Vergleich" / „Welche Kriterien sollten Sie berücksichtigen, wenn Sie einen Broker-Vergleich durchführen?"). Einige Broker arbeiten für eine Bank oder einen bestimmten Anbieter, andere präsentierten selbstkreierte Angebote oder leiten Ihre Anfragen an Trading-Netzwerke weiter. Zum besonderen Broker-Typ gehört der STP-Broker („Straight Through Processing"). Doch was versteht man unter einem STP-Broker? Der Broker leitet den Handel an die Bank oder auch an den Trading-Pool weiter. Aufgrund der Tatsache, dass hier keine Umleitungen genommen werden, sondern die Weiterleitung auf direktem Wege erfolgt, verlieren Sie keine Zeit und können zudem auch noch Kosten sparen (siehe das Kapitel: „Hohe Gewinne und geringe Kosten - die Vorteile im Überblick" / „Der Handel mit binären Optionen ist kostengünstig"). Des Weiteren stellen die STP-Broker die Kurse selbst und stellen auch eigene Verkaufsverträge zur Verfügung. Die STP-Broker treten Ihnen als direkte Partner gegenüber. Beachten Sie jedoch den möglichen Interessenskonflikt. Der Broker erzielt seine Gewinne über Gebühren und über Ihre Verluste.

Welcher Broker am Ende tatsächlich empfehlenswert ist, hängt natürlich von mehreren Kriterien ab (siehe das Kapitel: „Der Broker-Vergleich" / „Welche Kriterien sollten Sie berücksichtigen, wenn Sie einen Broker-Vergleich durchführen?"). So spielen das mögliche Handelsvolumen, der Mindesteinstiegspreis oder auch die Handelsarten wesentliche Rollen. Somit ist es wichtig, dass Sie im Vorfeld einen Vergleich der unterschiedlichen Broker durchführen (siehe das Kapitel: „Der Broker-Vergleich" / „Warum sollte man einen Broker-Vergleich durchführen?"). Achten Sie dabei auch auf die Gebühren, die von Seiten des Brokers in Rechnung gestellt werden.

Ein weiterer Faktor ist natürlich die Laufzeit einer Option. Die Laufzeit ist wählbar und kann - grob gesagt - in drei Kategorien unterteilt werden:

- Der Handelszeitraum liegt zwischen 30 und 300 Sekunden - das ist eine kurzfristige Option

- Der Handelszeitraum liegt zwischen 10 und 60 Minuten, kann aber auch maximal 24 Stunden dauern - hier spricht man von einer mittelfristigen Option

- Der Handelszeitraum beträgt mehrere Wochen oder sogar Monate - eine langfristige Option

## Wo kann mit binären Optionen gehandelt werden?
## Aktien

- Anleihen
- ETFs
- Indizes
- Rohstoffe
- Währungen

Fakt ist, dass es sich keinesfalls um eine neue Handelsform handelt. Zu beachten ist, dass die binären Optionen erst im Jahr 2008 die Börsen erobern konnten. Zuvor fand der Handel außerbörslich statt - vor allem auf unregulierten Plattformen. Beim OTC-Handel, also beim „Over-The-Counter Handel", konnten somit nichtstandardisierte Geschäfte abgeschlossen werden. Selbst Personen, die keinen Börsenzugang hatten, konnten somit über den Optionshandel Gewinne lukrieren. Die standardisierten Optionen wurden zunächst an der New Yorker Wertpapierbörse eingeführt; heute gibt es standardisierte Optionen auch an den anderen Handelsbörsen. Aufgrund der Tatsache, dass die binären Optionen nicht immer den Regeln der unterschiedlichen Finanzmärkte entsprechen, finden Transaktionen oftmals nur auf sehr speziellen Handelsplattformen statt. Im europäischen Raum bilden Malta und Zypern die Ausnahme. Hier fallen die binären Optionen unter die gesetzlichen Regelungen und wurden bereits als Finanzinstrumente definiert. Das ist mitunter auch der Grund, warum auf den Mittelmeerinseln die meisten Handelsplattformen, die außerbörslich sind, ihren Firmensitz haben (siehe das Kapitel: „Der Broker-Vergleich" / „Folgende Broker können empfohlen werden").

## Hohe Gewinne und geringe Kosten

Fakt ist, dass es bei allen Assets und Trading-Arten unterschiedliche Vor- und Nachteile gibt - so auch bei den binären Optionen. Aktien sind etwa für die hohen Gewinnmöglichkeiten bekannt, haben jedoch auch ein nicht zu unterschätzendes Wertverlust-Risiko. Auch Hebelprodukte, die im Forex-Handel zur Verfügung stehen, sind lukrativ, können aber für einen Totalverlust sorgen oder mitunter derart in die falsche Richtung ausschlagen, sodass der Verlust sogar über das zur Verfügung gestellte Handelskapital hinausgeht.

Binäre Optionen überzeugen vor allem durch die leicht verständliche Struktur. Das heißt, dass vor allem auch Anfänger, die sich erst seit geraumer Zeit mit binären Optionen befassen, vor keine größeren Herausforderungen gestellt werden. Zudem gibt es attraktive Renditen - im Durchschnitt liegen diese zwischen 70 Prozent und 85 Prozent! Zudem ist der Handel mit binären Optionen deutlich einfacher als der CFD- oder Forex-Handel.

## Der Handel mit binären Optionen ist kostengünstig

Binäre Optionen sprechen vor allem auch private Kleinanleger an, weil diese nur geringe Summen investieren müssen, am Ende aber doch ordentliche Gewinne einfahren können. Mit 100 Euro können Sie bereits ein Konto bei einem Broker eröffnen - mitunter sind sogar weniger als 100 Euro notwendig. Zudem bewegen sich die Mindesteinsätze im unteren zweistelligen Bereich. So liegen die Mindesteinsätze zwischen 1 Euro und 30 Euro (siehe das Kapitel: „Der Broker-Vergleich" / „Folgende Broker können empfohlen werden"). Die Abwicklung und der Handel von administrativen Vorgängen, so etwa von Auszahlungen oder Einzahlungen, sind ebenfalls kostenlos. Zudem werden für das Depot keine Gebühren in Rechnung gestellt. Auch Auszahlungs- oder Überweisungsgebühren oder Handelskosten fallen kaum an; die Broker „OptionTime", „OptionFair" und „365trading" verzichten zur Gänze auf derartige Gebühren. Auch Provisionen und Kommissionen, wie das etwa bei Aktien-, CFD- oder Forex-Brokern üblich ist, sind nicht zu bezahlen. Binäre Optionen sind - vor allem kostenseitig - eine extrem günstige Alternative.

Der Handel mit Hebelprodukten kann immer wieder unliebsame Überraschungen - so etwa Nachschusspflichtigen - mit sich bringen. Das heißt, dass der Verlust über das investierte Kapital hinausgeht. Das kann, wenn sich der Trader für binäre Optionen entscheidet, nicht passieren. Schon im Vorfeld steht fest, wie hoch die Gewinne oder die Verluste sein können. Schon vor der Platzierung der Option ist bekannt, was dem Trader im Falle des Gewinnes oder Verlustes erwarten wird. Des Weiteren bieten zahlreiche Broker auch sogenannte Verlustabsicherungen an. Das heißt, dass der Totalverlust ausgeschlossen werden kann.

Die kostenseitigen Vorteile im Überblick

- Sie müssen nur geringe Investitionen tätigen

- Es gibt keine Depotgebühren, Provisionen, Börsengebühren oder Kommissionen

- Schon mit 100 Euro (oder weniger) können Sie ein Handelskonto bei einem Broker eröffnen

- Die Mindesteinsätze variieren zwischen einem Euro und 30 Euro

- Sie können eine Verlustabsicherung abschließen

Entscheidet man sich für den Forex-Handel, so stehen nur Währungen zur Verfügung. CFD-Trader werden zudem immer wieder feststellen müssen, dass die Basiswerte, die hier zur Verfügung stehen, sehr stark variieren und immer wieder vom Broker abhängen. Wenn Sie sich für binäre Optionen entscheiden, so stehen Ihnen rund 80 Basiswerte in unterschiedlichen Asset-Klassen zur Verfügung. So gibt es zahlreiche Rohstoffe, Indizes, Aktien oder auch Währungen. „OptionTime" oder „TopOption" sind Broker, die mehr als 180 Asset-Klassen anbieten. Die zahlreichen Handelsarten sind natürlich vorteilhaft für Fortgeschrittene, Profis und auch für Anfänger. Einsteiger werden sich zu Beginn vor allem mit den Put- oder Call-Optionen befassen; hier stehen zudem auch kurz-, mittel- und langfristige Laufzeiten zur Verfügung. Kurze Laufzeiten sind jedoch - vor allem für Anfänger - nicht zu empfehlen, weil diese nur sehr schwer prognostiziert werden können (siehe das Kapitel „Was sind binäre Optionen?" / „Der Handel").

## Die Vorteile im Überblick

Der zeitliche Vorteil

- Zahlreiche Asset-Klassen

- Viele Handelsarten

- Es gibt Handelsarten für Anfänger, Fortgeschrittene und auch für Profis

Aktiendepot-Inhaber müssen das Portfolio in regelmäßigen Abständen überprüfen und sollten immer wieder aktuelle Informationen über die Wertpapiere einholen. Nur dann, wenn man die Ziele und Pläne der Aktiengesellschaften kennt, wird man gegebenenfalls rechtzeitig reagieren können, sodass man einerseits vom Aktienkurs profitieren und andererseits Verluste begrenzen kann. Entscheiden Sie sich für binäre Optionen, so brauchen Sie nicht ständig nach der Entwicklung zu sehen. Das liegt daran, weil vor dem Ablauf gar keine Änderungen mehr durchgeführt werden können. Nur dann, wenn die Handelssoftware über die sogenannte „Double up"-Funktion verfügt (der Einsatz kann, sofern der Verlauf positiv ist, verdoppelt werden) oder die „Sell back"-Funktion angeboten wird (die Option kann, sofern der Verlauf negativ ist, vorzeitig beendet werden), können Sie aktiv - noch während der Laufzeit - eingreifen. Zu beachten ist, dass der Handel mit den binären Optionen nicht an die Börsenzeiten gebunden ist. Sie können also auch am Wochenende oder spät am Abend handeln. In vielen Fällen stehen hier jedoch nur risikoreiche One Touch- oder High Yield-Optionen zur Verfügung. Noch mehr Informationen finden Sie auf der Seite www.investmentacademy.at. Den Zugangscode finden Sie hinten im Buch!

Die Lernvorteile

- Während der Laufzeit sind keine weiteren Reaktionen notwendig

- Auch am Wochenende steht ein eingeschränkter Handel zur Verfügung

- Notfalls kann, wenn die Funktionen vom Broker angeboten werden, auch während der Laufzeit eingegriffen werden („Double up- und Sell back-Funktion")

Zahlreiche Derivate- und Aktien-Broker sind der Meinung, dass die Kunden entsprechende Handelskenntnisse haben. Sie sind der Meinung, dass Menschen, die ihr Geld investieren, schon wissen, was sie machen - somit bieten nur wenige Broker Live-

Webinare oder Schulungen an. Ausnahmen sind hier die Broker „CMC Markets" oder auch „IG". Zudem gibt es auch nur wenige Broker, die Demokonten anbieten. Sofern diese dann zur Verfügung gestellt werden, so ist diese Funktion oft zeitlich begrenzt (14 Tage oder 30 Tage).

Neueinsteiger, die mit binären Optionen handeln wollen, müssen aber zuerst einmal Erfahrungen sammeln. Genau deshalb sind vor allem anfängerfreundliche Broker zu empfehlen - hier müssen Sie nur geringe Mindesteinzahlungen leisten und nur niedrige Einstiegshürden überwinden. Zudem bieten viele Binäre Optionen-Broker auch zahlreiche Fortbildungsmöglichkeiten an - auch Demokonten stehen den Anfängern zur Verfügung (siehe das Kapitel: „Der Broker-Vergleich").

Der Handel mit den binären Optionen ist recht einfach zu erlernen, sofern die Schulungsmaterialien und Fortbildungsmöglichkeiten auch in Anspruch genommen werden. Genau deshalb sollten sich Anfänger, wenn Sie sich für den Handel mit binären Optionen interessieren, einerseits für einen Broker entscheiden, der Schulungsmöglichkeiten zur Verfügung stellt und andererseits auch diesen Ratgeber studieren. Des Weiteren sollten sich die Trader mit den unterschiedlichsten Strategien befassen (siehe das Kapitel „Welche Strategien sind erfolgversprechend?").

Die Lernvorteile im Überblick

Der Handel ist transparent und einfach zu verstehen

- Binäre Optionen-Broker bieten oft sehr gute Fortbildungsmöglichkeiten an

- Der Handel ist recht leicht zu erlernen

Auch wenn sich viele Investoren für „traditionelle" Trading-Möglichkeiten - so etwa Forex Trading oder den Aktienhandel - interessieren, so heißt das nicht, dass man nicht selbst einen Blick hinter die Kulissen des Handels mit binären Optionen werfen sollte. Auch wenn es viele Kritiker gibt, die der Ansicht sind, dass der Handel extrem riskant ist, so muss auch erwähnt werden, dass die Renditen, die im Zuge des Handels erzielt werden, unglaublich hoch ausfallen können.

Binäre Optionen sprechen alle Investoren an - das liegt an den unterschiedlichen Handelsarten und vielfältigen Asset-Klassen. Zudem müssen keine Unsummen investiert werden, damit am Ende ein hoher Gewinn lukriert werden kann. Liegt der Mindesteinsatz bei einem Euro, so werden Sie - um diesen einzigen Euro - sicher sein können, kein Öl, kein Gold oder keine Aktie zu bekommen. Sie können aber sehr wohl in binäre Optionen investieren und den einen Euro vermehren.

Ein Beispiel: Sie wollen 500 Euro investieren und entscheiden sich für eine Aktie mit einem Stückpreis von 50 Euro. Für 500 Euro erhalten Sie in weiterer Folge 10 Aktien. Würde die Optionsgröße 5 Euro betragen, so würden sie hingegen 100 Optionen erwerben. Klettert der Kurs der Aktie auf 60 Euro, so hätten Sie gerade einmal 100 Euro verdient. Hätten Sie jedoch 100 Call-Optionen - mit einer Auszahlung von

85 Prozent - gekauft, so würden Sie nun 925 Euro bekommen! Das wäre - abzüglich der Investitionssumme von 500 Euro - ein Gewinn von 425 Euro (siehe das Kapitel „Welche Strategien sind erfolgversprechend?" / „Auf der Suche nach der perfekten Strategie").

Sie müssen zudem nur „erraten", ob der Kurs steigt oder mitunter fällt - es spielt keine Rolle, wie tief der Kurs sinkt oder wie hoch der Kurs steigt. Das heißt, dass der Handel auch extrem einfach ist. Zudem wissen Sie schon im Vorfeld, wie hoch der mögliche Gewinn sein kann; Sie wissen auch, wie hoch der mögliche Verlust sein wird, wenn Sie falsch getippt haben. Das heißt, dass es sich um einen sehr transparenten Handel handelt - böse Überraschungen sind daher (fast zur Gänze) ausgeschlossen (siehe das Kapitel „Die 10 goldenen Regeln")

# Wie gefährlich ist der Handel mit binären Optionen tatsächlich?

Bevor Sie mit binären Optionen handeln, sollten Sie sich nicht nur mit den Grundlagen und den Vorteilen beschäftigen - Sie müssen auch wissen, dass es ein paar Nachteile gibt, die keinesfalls ignoriert werden dürfen. Nur dann, wenn Sie auch die Nachteile und Risiken kennen, können Sie für sich selbst entscheiden, ob Sie mit binären Optionen handeln sollten oder nicht.

Jahrelang wurden die Nachteile, die im Zuge des Handels mit binären Optionen auftreten, immer auf die Broker geschoben. Hat der Trader am Ende Verluste hinnehmen müssen, so waren die Broker dafür verantwortlich. Plötzlich waren die Broker „unseriös", verfolgten „betrügerische Machenschaften" - auf einmal mussten sich die Broker mit Vorwürfen befassen, die keinesfalls der Realität entsprachen. Auch heute gibt es immer wieder Trader, die in Online-Foren diverse Broker beschuldigen, nicht richtig zu arbeiten. Doch zahlreiche Überprüfungen haben ergeben, dass am Ende nicht die Broker für die Verluste verantwortlich sind. Vorwiegend sind es die Trader, die Fehler begehen und am Ende einen Schuldigen suchen, weil sie sich nicht eingestehen wollen, an der Misere selbst verantwortlich zu sein.

Fakt ist, dass sich Trader, die mit binären Optionen handeln wollen, bewusst sein müssen, dass es Nachteile gibt:

- Falsche Entscheidungen können - je nach Einsatz - zu einem hohen Verlust führen

- Die Verluste können sogar höher als die möglichen Gewinne ausfallen

- Entscheidet sich der Trader für eine kurze Laufzeit, so geht er ein extrem hohes Risiko ein

- Es gibt komplizierte Analysearten

- Anfänger lassen sich, aufgrund der einfachen Strukturen, leicht begeistern und ignorieren die Risiken und Nachteile

## Zu Beginn können die Verluste höher als die Gewinne ausfallen

Der Erfolg hängt von mehreren Faktoren ab. Einerseits muss sich der Trader für einen bekannten, seriösen und hochwertigen Anbieter entscheiden (siehe das Kapitel: „Der Broker-Vergleich" / „Welche Kriterien sollten Sie berücksichtigen, wenn Sie einen Broker-Vergleich durchführen?"), andererseits ist es wichtig, dass er sich mit den verschiedenen Handelsarten befasst, die im Zuge des Handels zur Verfügung stehen (siehe das Kapitel: „Was sind binäre Optionen?" / „Welche Bereiche stehen zur Verfügung?"). All jene, die noch nicht zu 100 Prozent wissen, wie der Handel funktioniert, hoffen auf hohe Gewinne, weil „binäre Optionen leicht zu verstehen sind". Doch nur weil es sich um einfache Strukturen handelt, sollte nicht der Irrglaube in den Vordergrund treten, dass auch schnelle Gewinne möglich sind. Anfänger müssen sich bewusst sein, dass sie ein sogenanntes „Lehrgeld" bezahlen werden, wenn sie sich für den Handel mit binären Optionen entscheiden (siehe das Kapitel „Das Risikomanagement - eine Schritt-für-Schritt-Anleitung").

Jeder Trader muss sich bewusst sein, dass Verluste einfach dazu gehören. Vor allem dann, wenn es sich um Anfänger handelt, die bislang kaum Erfahrungswerte sammeln konnten. Problematisch ist die Lage dann, wenn mehr Verluste als Gewinne verbucht werden. Genau deshalb ist es wichtig, dass sich der Anfänger für einen Broker entscheidet, der ein kostenloses Demokonto anbietet. So kann der Trader einerseits seine Strategien ausprobieren und noch tiefer in die Materie eintauchen und muss andererseits kein Risiko eingehen, weil er nicht sein eigenes Erspartes investieren muss (siehe das Kapitel: „Der Broker-Vergleich" / „Folgende Broker können empfohlen werden").

## Kurze Laufzeiten bedeuten ein hohes Risiko

Zahlreiche Händler entscheiden sich für sehr kurze Laufzeiten. Natürlich sind die möglichen Gewinne höher, jedoch sollten sich vor allem unerfahrene Anleger die Frage stellen, ob sie das extrem hohe Risiko eingehen möchten. Schlussendlich muss das Ereignis, auf das Sie „gewettet haben", innerhalb kürzester Zeit (oftmals innerhalb von 60 Sekunden) eintreten. Anfänger sollten sich daher zu Beginn für längere Laufzeiten entscheiden (siehe das Kapitel „Die 10 goldenen Regeln").

## Nicht alle Broker sind seriös

Ein Nachteil, der jedoch nur selten erwähnt wird, hat mit den Brokern zu tun. Auch wenn (fast) alle Broker seriös sind, so gibt es - wie fast in jeder Sparte - „schwarze Schafe". Doch wie erkannt man unseriöse Broker? In der Regel verfügen die Broker über keine EU-Regulierung. Zudem werden nur wenige Ein- oder Auszahlungsmethoden akzeptiert oder es gibt kaum Kontaktmöglichkeiten zu den Mitarbeitern (mitunter nur eine E-Mail-Adresse). Wenn Sie auf der Suche nach dem passenden Broker sind, sollten Sie darauf achten, dass dieser einer Glücksspielaufsicht unterliegt und mehrere Kontaktmöglichkeiten zu den Mitarbeitern anbietet. Des Weiteren können Sie auch im Internet nach Erfahrungsberichten suchen und sich sodann selbst ein Bild machen (siehe das Kapitel: „Der Broker-Vergleich").

# Der Broker-Vergleich

Auch wenn der Handel mit den binären Optionen nicht so bekannt und populär wie der Handel mit Aktien ist, so haben die letzten Jahre aber doch gezeigt, dass sich immer mehr Menschen für dieses Finanzprodukt interessieren. Schon seit Jahren gibt es spezielle Broker, die sich ausschließlich auf binäre Optionen konzentriert haben. Doch welche Broker können tatsächlich empfohlen werden? Im Internet liest man immer wieder Erfahrungsberichte von enttäuschten Tradern, die - selbst den bekannten Brokern - ein unseriöses Verhalten und betrügerische Machenschaften unterstellen. Doch zahlreiche Überprüfungen haben gezeigt, dass in (fast) allen Fällen keine Vorwürfe bestätigt werden konnten. Vielmehr handelte es sich um Trader, die - aufgrund fehlender oder falschen Strategien oder fehlender Erfahrung - selbst für die Verluste verantwortlich waren (siehe das Kapitel: „Wie gefährlich ist der Handel mit binären Optionen tatsächlich?" / „Zu Beginn können die Verluste höher als die Gewinne ausfallen").

Aufgrund der Tatsache, dass der Handel mit binären Optionen recht einfach ist, entscheiden sich auch immer mehr Anfänger für dieses Finanzinstrument. Anfänger dürfen sich keinesfalls von den Versprechen der Broker täuschen lassen; hohe Gewinne, die gerne beworben werden, darf man sich zwar wünschen, jedoch sollten auch die möglichen Risiken berücksichtigt werden (siehe das Kapitel „Das Risikomanagement - eine Schritt-für-Schritt-Anleitung"). Jene Broker, die den Handel mit den binären Optionen derart verkaufen, sodass man der Meinung sein könnte, es gäbe keine Gefahren, sind daher mit Vorsicht zu genießen.

## Welche Kriterien sollten Sie berücksichtigen, wenn Sie einen Broker-Vergleich durchführen?

„Natürlich habe ich einen Vergleich durchführt" - doch welche Kriterien wurden miteinander verglichen? Folgende Punkte sollten besonders berücksichtigt werden:

<u>Der Standort und die Regulierung</u>

- Der Standort des Brokers
- Wird der Broker reguliert?
- Von wem wird der Broker reguliert?
- Welche Handelsplattform steht dem Trader zur Verfügung?
- Welche Kosten und Gebühren fallen an?
- Die Konditionen des Brokers
- Die Allgemeinen Geschäftsbedingungen
- Welche Assets und Handelsarten werden angeboten?

- Kundenservice (E-Mail-Adresse, Live-Chat, kostenlose Hotline)
- Gibt es ein kostenloses Demokonto?
- Werden Weiterbildungsmöglichkeiten angeboten?
- Welche Ein- und Auszahlungsmethoden stehen zur Verfügung?

Wer sicher sein will, dass es sich um einen seriösen Broker handelt, sollte zuerst überprüfen, ob der Broker reguliert wird. Zudem spielt auch der Standort eine wesentliche Rolle. Entscheiden Sie sich für einen Broker, der sich innerhalb der Europäischen Union befindet. Innerhalb der EU muss der Broker nämlich zahlreiche Kapitalmarktrichtlinien erfüllen, sodass sich der Trader schon einmal sicher fühlen darf. Auch die Regulierungsbehörde (Finanzaufsichtsbehörde) darf nicht ignoriert werden. Broker, die in Deutschland daheim sind, werden von der Bundesanstalt für Finanzdienstleistungsaufsicht (BaFin) reguliert; britische Broker unterliegen der Financial Services Act (FCA). Auch die Cyprus Securities and Exchange Commission (CySEC) zählt zu den „strengeren" Finanzaufsichtsbehörden.

<u>Die Handelsplattform</u>

Die Handelsplattform ist so etwas wie das Zuhause des Traders. Sie müssen sich wohlfühlen und wissen, wie die einzelnen Instrumente bedient werden. Zu beachten ist, dass es Broker gibt, die Handelsplattformen von Fremdanbietern zur Verfügung stellen. Beim Broker-Vergleich sollten auch die unterschiedlichen Features, die in Verbindung mit der Handelsplattform stehen, miteinander verglichen werden. Zudem werden - aufgrund des immer beliebter werdenden mobilen Handels - auch Apps von den Brokern angeboten. Sie sollten daher überprüfen, ob die App, die vom Broker angeboten wird, überhaupt genutzt werden kann (iOS oder Android?); zudem ist es wichtig, dass Sie die Funktionen der App mit den Funktionen der Handelsplattform vergleichen. Gibt es gravierende Unterschiede oder stehen dieselben Möglichkeiten zur Verfügung?

### Auch die Kosten müssen berücksichtigt werden

Handelt es sich um einen guten und seriösen Broker, so wird er die Kosten, die im Zuge der Benutzung anfallen, nicht verheimlichen. In der Regel verursacht der Handel mit den binären Optionen keine zusätzlichen Kosten (siehe das Kapitel „Hohe Gewinne und geringe Kosten" / „Der Handel mit binären Optionen ist kostengünstig"). Sehr wohl besteht aber die Möglichkeit, dass diverse Features, die von Seiten des Traders genutzt werden können, Gebühren verursachen. So gibt es etwa Gebühren für Auszahlungen oder sogenannte Inaktivitätsgebühren. Wichtig ist, dass Sie im Vorfeld die Allgemeinen Geschäftsbedingungen studieren, sodass es zu keinen bösen Überraschungen kommen kann.

### Die Handelskonditionen

In den Allgemeinen Geschäftsbedingungen finden Sie die wichtigsten Informationen. Handelt es sich um einen seriösen Broker, so sind die Allgemeinen Geschäftsbedingungen derart platziert, sodass Sie problemlos gefunden werden können. Das heißt, dass der Broker schon auf der Homepage einen direkten Link zu den Geschäftsbedingungen platziert hat. In den Geschäftsbedingungen finden sich auch die Handelskonditionen. Wie hoch ist der Mindesteinzahlungsbetrag? Gibt es eine Mindesthandelssumme? Gibt es eine Inaktivitätsgebühr? Welche Ein- und Auszahlungsmethoden stehen zur Verfügung?

### Assets und Handelsarten

Zu Beginn sind die Anfänger oft schon froh, wenn Sie schon einmal einen Überblick haben und mitunter wissen, worauf sie achten müssen, wenn sie sich für den Handel mit den binären Optionen entschieden haben. Doch irgendwann wird sich der Trader für unterschiedliche Assets und verschiedene Handelsarten interessieren. Genau deshalb ist es wichtig, dass schon im Vorfeld überprüft wird, welche Assets und Handelsarten überhaupt angeboten werden. Gibt es 30 Sekunden- oder auch 60-Sekunden-Optionen? Gibt es zusätzliche Funktionen - so etwa Stop-Loss oder auch Early Close? Wie hoch ist zudem die Rendite? In der Regel liegt diese zwischen 70 Prozent und 90 Prozent. Es gibt aber sehr wohl auch Broker, die den sogenannten High Yield-Handel anbieten. Hier kann die Rendite sogar 500 Prozent betragen. Fakt ist, dass eine derartige Rendite aber ein extremes Risiko mit sich bringt! Noch mehr Informationen finden Sie auf der Seite www.investmentacademy.at. Den Zugangscode finden Sie hinten im Buch!

### Der Kundenservice

Ein guter Broker bietet auch mehrere Möglichkeiten an, wie die Trader Kontakt aufnehmen können. Fakt ist, dass es immer wieder zu Fragen kommen kann, die der Trader beantwortet haben möchte. Gibt es eine kostenlose Rufnummer? Steht ein Live-Chat zur Verfügung? Broker, die nur eine E-Mail-Adresse zur Verfügung stellen, müssen nicht unseriös sein, jedoch erschwert das die Kontaktaufnahme. Schlussendlich kann es mehrere Tage dauern, bis das Anliegen bearbeitet wird. Wer daher eine schnelle Antwort wünscht, muss sich bewusst sein, dass er diese - sofern nur eine E-Mail-Adresse zur Verfügung steht - nicht erhalten wird.

### Das Demokonto

Anfänger sollten im Zuge des Broker-Vergleichs darauf achten, ob ein Demokonto zur Verfügung gestellt wird. Demokonten werden aber nicht nur von Anfängern genutzt - auch Profis nutzen Demokonten, da sie so neue Strategien ausprobieren oder bestehende Strategien verbessern können (siehe das Kapitel „Welche Strategien sind erfolgversprechend?"). Aufgrund der Tatsache, dass ein Demokonto kostenlos genutzt werden kann, muss der Trader kein Risiko eingehen. Zu beachten ist, dass viele Demokonten jedoch befristet angeboten werden. Das heißt, dass das Demokonto nur für 14 oder 30 Tage zur Verfügung steht. Nur selten gibt es keine zeitliche Befristung. Manche Broker schalten das Demokonto erst dann frei, wenn der Trader die Mindesteinzahlung geleistet hat.

### Gibt es Weiterbildungsangebote?

Der Handel mit den binären Optionen mag zwar einfach sein, jedoch heißt das noch lange nicht, dass sich die Trader nicht weiterbilden sollten. Schlussendlich lernt man nie aus - vor allem Anfänger, die noch nicht zu 100 Prozent sicher sind, sollten derartige Angebote annehmen. Ob eBooks, Webinare oder Videos - viele Weiterbildungsangebote werden kostenlos zur Verfügung gestellt, hin und wieder sind die Bildungsangebote jedoch kostenpflichtig.

### Prämien

Natürlich gibt es auch Broker, die mit Prämien locken. So bekommt der Neueinsteiger einen Bonus in der Höhe von 100 Prozent. Doch hier müssen die Trader vorsichtig sein - derartige Boni sind an diverse Vorgaben gebunden. Aufgrund der Tatsache, dass die Bonussumme mehrfach umgesetzt werden muss, kann es - vor allem für Anfänger - besser sein, auf den angebotenen Bonus zu verzichten. Natürlich gibt es derartige Prämien nicht nur für Neukunden; viele Broker bieten auch den bestehenden Tradern Prämien an, sofern diese einige Voraussetzungen erfüllen.

### Welche Ein- und Auszahlungsmethoden stehen zur Verfügung?

Natürlich stellt sich auch die Frage, welche Ein- und Auszahlungsmethoden zur Verfügung stehen. Wenn Sie die Einzahlung mit der Kreditkarte vornehmen möchten, müssen Sie zuerst darauf achten, welche Kreditkartenunternehmen überhaupt akzeptiert werden. In der Regel sind Kreditkartenzahlungen, Banküberweisungen oder auch PayPal möglich.

## Warum sollte man einen Broker-Vergleich durchführen?

Es gibt zahlreiche Kriterien, auf die Sie im Zuge des Vergleichs Rücksicht nehmen sollten. Doch warum sollte im Vorfeld überhaupt ein Broker-Vergleich durchgeführt werden? Jeder Trader hat eigene Vorstellungen, die von Seiten des Brokers erfüllt werden sollten - das beginnt bei den Gebühren und Kosten und endet bei den unterschiedlichen Ein- und Auszahlungsmethoden. Nur dann, wenn man die verschiedenen Leistungen des Brokers berücksichtigt und mit anderen Anbietern vergleicht, bekommt man eine gute Übersicht, welcher Broker die besten Konditionen hat. Zudem sollten auch die unterschiedlichen Funktionen - so etwa Stop Loss- oder auch Early Close - berücksichtigt werden, weil diese sehr wohl auch einen Einfluss auf das eigene Money- und Risiko-Management haben (siehe das Kapitel „Das Risikomanagement - eine Schritt-für-Schritt-Anleitung")

Ein empfehlenswerter Broker erfüllt folgende Kriterien:

- Der Unternehmenssitz ist innerhalb der Europäischen Union

- Der Broker wird durch eine Finanzaufsichtsbehörde (BaFin, CySEC, FCA) reguliert

- Auf der Homepage findet sich eine transparente Übersicht über die möglichen Kosten und Gebühren
- Es werden faire Bonusbedingungen angeboten
- Der Broker bietet ein kostenloses Demokonto an
- Es stehen zahlreiche Ein- und Auszahlungsmethoden zur Verfügung
- Die Kundengelder werden vom eigenen Vermögen getrennt und somit an einem anderen Ort aufbewahrt
- Es stehen mehrere Kontaktmöglichkeiten zur Verfügung (Live-Chat, kostenlose Hotline, E-Mail-Adresse)

# Welche Strategien sind erfolgversprechend?

Fakt ist - auch wenn im Internet immer wieder Strategien beworben werden, die ganz sicher zum Erfolg führen, so müssen Sie sich bewusst sein, dass es keine Strategie gibt, mit der Sie immer erfolgreich bleiben können. Ja, wenn Sie sich für den Handel mit binären Optionen entschieden haben, dann müssen Sie auch mit Verlusten rechnen. Auch dann, wenn Sie sich für eine Strategie entschieden haben, die „ganz sicher zum Erfolg" führt (siehe das Kapitel „Wie gefährlich ist der Handel mit binären Optionen tatsächlich?").

Ihre Strategie bestimmt am Ende, ob Sie Geld gewinnen oder mitunter verlieren.

Zu Beginn werden Sie sich wohl die Frage stellen, ob es überhaupt eine perfekte Strategie gibt. Die Antwort? Nein. Die perfekte Strategie, die immer zum Erfolg führt, wird es niemals geben. Sie müssen nur herausfinden, welche Strategie dafür sorgt, dass die Gewinne höher als die Verluste ausfallen.

Es gibt kein perfektes Auto, es gibt kein perfektes Elektronikgerät, es gibt keine perfekte Strategie für binäre Optionen. Sie müssen, wenn Sie sich mit binären Optionen befassen, einen eigenen Weg finden, sodass Sie am Ende erfolgreich werden und bleiben können. Versuchen Sie herauszufinden, welche Strategie Ihren Vorstellungen entspricht und achten Sie darauf, dass Ihnen keine Strategie - etwa vom Broker, von einem Bekannten oder von einem

Freund - aufgezwungen wird. Auch dann, wenn die Strategie „keine Verluste zulässt", müssen Sie davon ausgehen, dass es durchaus zu Verlusten kommen kann.

Hören Sie also nicht auf das, was Freunde und Bekannte sagen - konzentrieren Sie sich auf Ihre Werkzeuge. Natürlich heißt das jetzt nicht, dass Sie alle Tipps und Tricks ignorieren sollten (siehe das Kapitel „Die 10 goldenen Regeln"). Lassen Sie sich aber keine Strategien aufdrängen, die gar nicht zu Ihrem Typ passen. Sie müssen sich im Vorfeld selbst die Frage beantworten, was Sie am Ende erreichen wollen. Suchen Sie nach dem schnellen Gewinn oder möchten Sie lieber etwas Sicherheit genießen? Zudem sollten Sie Ihre Ergebnisse nie mit den Ergebnissen Ihrer Freunde oder Ihrer Bekannten vergleichen. Hat Kollege AB höhere Gewinne verbucht, so heißt das noch lange nicht, dass er die bessere Strategie verfolgt. Mitunter war es einfach nur Glück. Haben Sie eine Strategie für sich selbst gefunden, dann bleiben Sie ihr - nicht für die Ewigkeit, aber für eine sehr lange Zeit - treu. Denn jene Trader, die ständig ihre Strategien ändern, werden am Ende keine Erfolge verbuchen können.

Viele Trader scheitern bereits auf der Suche nach der Strategie, weil sie nicht wissen, wie sie die Strategien klassifizieren können. Schlussendlich werden Sie sich mitunter selbst schon einmal die Frage gestellt haben, welche Strategie zu Ihrem Charakter passt. Fühlt sich die Strategie „nicht gut" an, dann sollten Sie eine Strategie wählen, die Ihnen ein besseres Gefühl gibt. Doch wann fühlen sich Strategien

„gut" an und wann nicht? Um diese Frage beantworten zu können, muss man die Natur der binären Optionen verstehen.

Es gibt unzählige Strategien. Einige Strategien basieren auf Handelssignalen, andere auf Nachrichten und andere auf Spieltheorien. Zudem haben auch mögliche Gewinne und Risiken erhebliche Einflüsse.

Zu beachten ist, dass es zwei Hauptfaktoren gibt, die das Verhältnis von möglichen Gewinnen und dem Risiko bestimmen:

## Auf der Suche nach der perfekten Strategie

- Faktor 1: Der binäre Optionen-Typ, der von Ihnen verwendet wird

- Faktor 2: Die Situation, in der Sie sich befinden, wenn Sie investieren

Es gibt zahlreiche binäre Optionen-Typen. Jeder einzelne Typ bietet ein eigenes Verhältnis von Risiko und Chance. Damit man die Unterschiede verstehen kann, muss man zuerst wissen, welche Typen überhaupt existieren.

## Tief-/Hoch-Optionen (Short-/Long-Optionen)

Dabei handelt es sich um die beliebtesten Optionen. Mit Tief-/Hoch-Optionen kann vorhergesagt werden, ob der Markt steigen oder auch fallen wird. Investieren Sie 100 Euro und entscheiden sich für eine Hoch-Option (Long-Option), wobei der Markt in weiterer Folge steigt, werden Sie einen Erfolg einfahren. Die Auszahlung liegt zwischen 70 Prozent und 90 Prozent. Entscheiden Sie sich für die Tief-Option (Short-Option) und der Markt fällt, gewinnen Sie ebenfalls.

## Ein-Treffer-Option (One Touch-Option)

Sie entscheiden sich für einen Zielkurs und müssen im Vorfeld vorhersagen, ob der Markt diesen Zielkurs erreichen kann. Viele Broker bieten hier zwei Varianten an - so gibt es den weit entfernten und den naheliegenden Zielkurs. Der Vorteil dieser One Touch-Option ist, dass der Markt den Zielkurs nur einmal berühren muss, sodass Sie am Ende einen Gewinn verbuchen können.

## Leiter-Optionen (Ladder-Option)

Hier handelt es sich um eine kombinierte Handelsstrategie aus One Touch- und den Hoch-/Tief-Optionen. In diesem Fall können Sie vorhersagen, ob die Option über oder unter dem Zielkurs stehen wird; in weiterer Folge muss auch der bestimmte Zielkurs einmal erreicht werden. Hier sind - sofern Sie richtig liegen - hohe Gewinne möglich.

## Anwendungsbeispiel der drei unterschiedlichen Typen

Im folgenden Beispiel befassen wir uns mit dem DAX. Wir gehen davon aus, dass der DAX - in den kommenden 60 Minuten - steigen wird. Hier können Sie, anhand der drei Typen, unterschiedlich vorgehen:

Mit einer Tief-/Hoch-Option haben Sie gute Chancen, dass Sie den Trade für sich entscheiden können. Schon die kleinste Marktbewegung genügt, sodass Sie einen Gewinn verbuchen. Entscheiden Sie sich für eine Long-Option, so gewinnen Sie, weil der DAX nach oben klettert.

Entscheiden Sie sich für eine One Touch-Option, so müssen Sie im Vorfeld bestimmen, welchen Zielkurs der DAX überspringen wird.

Die Kombination der Handelsstrategien, also die Leiter-Option, sorgt für den maximalen Gewinn. Sie entscheiden sich für den steigenden Markt und definierten einen bestimmten Zielkurs, der nur einmal „berührt" werden muss.

Sicherheitsorientierte Trader werden sich vorwiegend für Hoch-/Tief-Optionen entscheiden und Leiter-Optionen meiden. All jene, die das Risiko lieben und hohe Gewinne verbuchen wollen, werden sich vorwiegend für Leiter-Optionen oder auch für One Touch-Optionen interessieren.

Doch natürlich gibt es noch die unterschiedlichen Situationen, die ebenfalls einen Einfluss auf den Gewinn und den Verlust haben können. Auch dann, wenn immer derselbe binäre Optionen-Typ eingesetzt wird, kann das Risiko variieren, sofern im Zuge unterschiedlicher Situationen investiert wird.

Die Logik ist recht nachvollziehbar: Der Broker orientiert sich an der Marktsituation, sodass es zu unterschiedlichen Auszahlungssummen kommen kann - der Prozess kann durchaus mit den Quoten für Sportwetten verglichen werden. Spielt der Tabellenletzte gegen den Tabellenführer, so wird das bessere Team auch eine schlechtere Quote haben; setzt man hingegen auf den Außenseiter, so darf man sich über eine extrem gute Quote freuen. Natürlich ist die Wahrscheinlichkeit, dass der Außenseiter am Ende als Sieger vom Platz geht, sehr gering. Die Auszahlungen für die binären Optionen funktionieren genauso. Sehr wohl gibt es Situationen, die auf einen steigenden Markt schließen lassen; in diesem Fall gibt es eine geringere Auszahlung, wenn Sie sich für eine Long-Option entscheiden. Würden Sie aber - entgegen den Prognosen - auf einen fallenden Markt setzen, so können Sie extrem hohe Gewinne einfahren.

Investieren Sie also in riskantere Alternativen, dann sind hohe Auszahlungen möglich. Diese Herangehensweise funktioniert dann, wenn Sie Gelegenheiten finden, die den anderen Tradern verborgen geblieben sind. Sie müssen, wenn Sie gegen Prognose wetten möchten, natürlich immer einen Schritt voraus sein. Das mag nicht immer funktionieren, jedoch gibt es - aufgrund verschiedener Techniken und Analysen - immer wieder Hinweise, dass die Prognosen nicht immer der Wahrheit entsprechen müssen.

# Die technische Analyse

Als Trader müssen Sie die zukünftigen Preisbewegungen von Wertpapieren vorhersagen. Preisbewegungen werden anhand unterschiedlichster Analysen prognostiziert - zu der bekanntesten Methode gehört die sogenannte Fundamentalanalyse. Im Zuge dieser Methode werden Einnahmen, neue Projekte, Dividenden oder auch Forschungsprojekte des Unternehmens untersucht. Jedoch kann die fundamentale Analyse nicht auf die binären Optionen übertragen werden. Ihnen bleibt am Ende also nur die technische Analyse.

Je kürzer die Laufzeit, umso sprunghafter und zufälliger fallen die Preisbewegungen aus. Schlussendlich haben fundamentale Faktoren keinen Einfluss auf die Preisbewegungen. Am Ende resultieren die Preisbewegungen aufgrund unvorhergesehener Ereignisse, die einen Einfluss auf Angebot und Nachfrage haben.

Zu beachten ist, dass die technische Analyse auf drei fundamentalen Annahmen beruht:

- Die Marktbewegung
- Der Trend
- Die Geschichte

Die Marktbewegung

Der Preis beinhaltet in der Regel zahlreiche Informationen, die in weiterer Folge den Preis des Wertpapiers beeinflussen. Genau deshalb ist es nun nicht weiter notwendig, dass fundamentale Informationen eingeholt werden. Die Preisanalyse hilft dem Trader, dass er mitunter erkennen kann, was andere Investoren denken, sodass in weiterer Folge prognostiziert werden kann, in welche Richtung der Preis gehen wird.

Der Trend

Bei Trends handelt es sich um zickzackartige Bewegungen, die in eine bestimmte Richtung ausschlagen. Sie gehen entweder nach oben oder nach unten, können aber auch zur Seite gehen.

Die Geschichte

Anleger wiederholen das Verhalten der Vergangenheit. Das heißt, dass es - so Experten - immer wieder bestimmte Muster gibt, die sich immer wiederholen können. Das heißt, dass die technischen Analysten die Frage ignorieren, weshalb die Preise fallen oder steigen. Sie konzentrieren sich vorwiegend darauf, ob es ähnliche Preisbewegungen schon einmal gab - in weiterer Folge konzentrieren sie sich auf das resultierende Ereignis.

Aufgrund der Tatsache, dass binäre Optionen sehr kurze Laufzeiten haben, sind technische Analysen fast unumgänglich; wer auf eine technische Analyse verzichtet, der hat am Ende nur geringe Chancen, dass er mit seiner Vorhersage auch richtig liegt. Wenn Sie sich also für den Handel mit den binären Optionen interessieren, dann sollten Sie sich mit der technischen Analyse befassen und sich mit den grundlegendsten Aspekten vertraut machen.

Doch warum funktioniert nicht die Fundamentalanalyse? Im Zuge der Fundamentalanalyse wird vorhergesagt, ob der Preis fällt oder steigt - jedoch geht es hier um Entwicklungen, die erst in den kommenden Jahren eintreten werden.

### Die Volatilitätsstrategie

Entscheiden Sie sich für die Volatilitätsstrategie, so erwerben Sie eine Put- und eine Call-Option, wobei Sie sich hier für dieselbe Laufzeit entscheiden. Am Ende spielt es keine Rolle, in welche Richtung der Markt geht - mit einer Option landen Sie im Geld, sodass Sie einen Gewinn verbuchen können. Beachten Sie, dass die andere Option natürlich einen Verlust mit sich bringt. Sie müssen immer darauf achten, dass Sie einen höheren Gewinn als Verlust einfahren - diese Strategie kann vor allem erfahrenen Tradern empfohlen werden. Anfänger werden mitunter schnell den Überblick verlieren.

### Die Trendfolgestrategie

Interessant ist vorwiegend die Trendfolgestrategie - für erfahrene Trader und besonders für Anfänger, die erst seit geraumer Zeit mit binären Optionen handeln. Der Name dieser Strategie lässt schon vermuten, dass es sich bei dieser Strategie darum handelt, dass Sie einem Trend folgen müssen, sofern Sie der Meinung sind, dass sich dieser fortsetzen wird. Nutzen Sie steigende oder auch fallende Trends, sodass Sie am Ende profitieren.

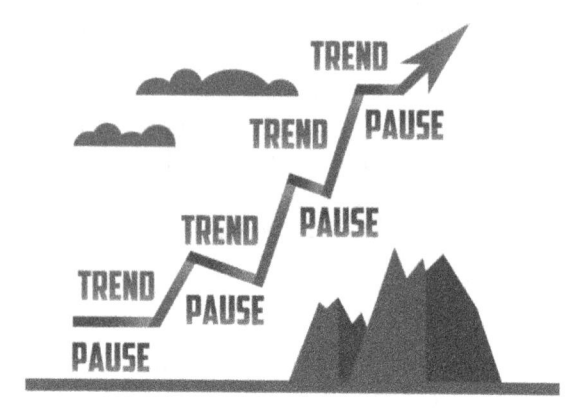

## Die Kontra-Trend-Strategie

Die Kontra-Trend-Strategie - auch als Trendumkehrstrategie bekannt - befasst sich mit dem genauen Gegenteil der Trendfolgestrategie. Sind Sie der Ansicht, dass der Trend eine Umkehr erlebt, so können Sie ebenfalls hohe Gewinne einfahren.

## Die Hedging-Strategie

Die Absicherungsstrategie, auch als Hedging-Strategie bekannt, eignet sich dann, wenn Sie schon in bestimmte Papiere investiert haben. Besitzen Sie Aktien, wobei sich diese im Gewinn befinden und Sie der Meinung sind, ein weiterer Kursanstieg steht bevor, dann werden Sie diese nicht verkaufen. Jedoch ist die Börse unberechenbar. Erwerben Sie daher eine Put-Option, sodass der mögliche Verlust, den Sie durch den Preisrückgang erleiden können, mittels der Put-Option ausgeglichen werden kann.

## Die Social Trading-Strategie

Die Social Trading-Strategie ist für Sie dann interessant, wenn Sie sich mitunter nicht selbst für eine Strategie entscheiden wollen. Das mag zunächst verwirrend klingen, doch im Zuge der Social Trading-Strategie kopieren Sie die Entscheidungen von erfolgreichen Tradern. Das heißt aber nicht, dass Sie hier automatisch erfolgreich werden. Auch erfahrene Trader müssen nicht immer richtig liegen.

Noch mehr Informationen finden Sie auf der Seite www.investmentacademy.at. Den Zugangscode finden Sie hinten im Buch!

Berücksichtigen Sie bitte, dass hier nur ein paar Strategien angeführt wurden, die in den letzten Jahren auch erfolgversprechend waren. Im Internet gibt es immer wieder „spezielle" und „sehr erfolgversprechende" Strategien, wobei man wohl davon ausgehen kann, dass rund 90 Prozent aller Strategien, die „immer zum Erfolg führen", keinesfalls empfohlen werden können. Auch dann, wenn Strategien „kostenpflichtig verkauft werden", sollten Sie hellhörig werden. Ganz egal, wer Ihnen eine perfekte Strategie verkaufen will - nehmen Sie das Angebot nicht an. Am Ende führt die Strategie nämlich keinesfalls zum Erfolg. Wer verkauft schon eine Strategie, wenn er - durch diese ominöse Strategie - selbst vier- bis fünfstellige Gewinne/Tag verbucht?

# Das Risikomanagement - eine Schritt-für-Schritt-Anleitung

Wer das Risiko reduzieren will, der sollte sich an die folgende Schritt-für-Schritt-Anleitung halten. Beachten Sie jedoch, dass es mehrere Wege gibt, die im Zuge des Risikomanagements gewählt werden können. Noch mehr Informationen finden Sie auf der Seite www.investmentacademy.at. Den Zugangscode finden Sie hinten im Buch!

Schritt Nummer 1

Führen Sie einen Broker-Vergleich durch. Eröffnen Sie in weiterer Folge ein Konto (siehe das Kapitel „Der Broker-Vergleich").

Schritt Nummer 2

Nun wählen Sie den Basiswert, mit dem Sie in weiterer Folge handeln möchten. Achten Sie auf Trends (siehe das Kapitel „Was sind binäre Optionen" / „Welche Bereiche stehen zur Verfügung?").

Schritt Nummer 3

Nun kommt Ihre Strategie zum Einsatz. Die Basis bilden die Kursrichtung (Trend) oder die Volatilität.

Schritt Nummer 4

Investieren Sie nie mehr als 2 Prozent der zur

Verfügung stehenden Summe (siehe das Kapitel „Die 10 goldenen Regeln").

Schritt Nummer 5

Beobachten Sie die Basiswerte auch während der Laufzeit. Gibt es die Early Close-Möglichkeit, so sollten Sie sich dafür entscheiden, sofern Sie sich noch in der Gewinnzone befinden, jedoch der Meinung sind, dass sich der Markt - zu Ihrem Nachteil - verändern kann.

Schritt Nummer 6

Die Position ist ausgelaufen - nun beginnt die Analyse. War es ein erfolgreicher Handelstag oder mussten Sie mitunter Verluste verbuchen? Hatten Sie Glück oder Pech? Lag es mitunter etwa an der Strategie?

# Die 10 goldenen Regeln

### Regel Nummer 1: Die 5 Prozent-Regel

Handeln Sie nie mit mehr als 5 Prozent Ihres zur Verfügung stehenden Kapitals. Wollen Sie maximal 200 Euro in binäre Optionen investieren, so sollten Sie nie mehr als 25 Euro in eine Option stecken - Achten Sie darauf, dass der Mindesteinsatz, der vom Broker vorgegeben wird, nicht Ihre persönliche Grenze übersteigt.

### Regel Nummer 2: Erkennen Sie die Richtung

Beobachten Sie die Kursbewegungen auch über andere Handelssysteme, sodass Sie die Richtung noch besser einschätzen können. Bei den meisten Plattformen gibt es Kursunterschiede.

### Regel Nummer 3: Call- oder Put-Option

Geben Sie Ihre Call- oder Put-Order erst vor dem Ablauf der Option ein. Gerade dann, wenn sie in einen schwankungsintensiven Markt investieren, können Sie so das Risiko minimieren.

### Regel Nummer 4: Denken Sie um

Der sogenannte Abrechnungskurs liegt fast immer in der Gegenrichtung der Bewegung, die kurz vor dem Ablauf ausgeführt wurde. Das ist in fast 80 Prozent aller Fälle so.

## Regel Nummer 5: Handeln Sie antizyklisch

Kaufen Sie starke Ausschläge nach unten oder nach oben - werden wichtige Konjunkturdaten veröffentlicht, wird das Pendel wohl zu Beginn in die Gegenrichtung ausschlagen, bevor es in die „richtige Richtung" geht.

## Regel Nummer 6: Weniger ist oftmals mehr

Konzentrieren Sie sich auf höchstens vier Handelsinstrumente/vier Märkte. Sie sollten auch nicht mehrere Trades gleichzeitig durchführen. Nur so bleibt Ihr Trading übersichtlich - so vermeiden Sie auch sogenannte Flüchtigkeitsfehler.

## Regel Nummer 7: Beachten Sie die Volatilität

Investieren Sie in einen volatilen Markt, so ist es in der Regel besser, wenn die Option erst gegen Ablauf des Handelstages gewählt wird - entscheiden Sie sich also gegen die Stundenbasis. Das ist vor allem bei Devisen und Rohstoffen empfehlenswert.

## Regel Nummer 8: Am Ende zählt immer nur die Endsumme

Verzichten Sie dann auf Trades, wenn Sie keine vernünftigen Signale erkennen. Fakt ist, dass Sie Trades nicht erzwingen sollten - Stunde für Stunde gibt es mit Sicherheit mehrere Gelegenheiten, sodass Sie am Ende hohe Gewinne verbuchen können. Denken Sie daran, dass es immer um die Endsumme geht - hier ist entscheidend, ob es sich um die tägliche oder monatliche Summe handelt. Haben Sie Tages- oder Monatsziele? Anfänger sollten hier vorsichtig sein und sich vorwiegend mit Tageszielen befassen. Ganz egal, wie hoch die Verluste in den ersten Stunden waren - ist die Tagesendsumme höher als der Verlust, so kann von einem erfolgreichen Handelstag gesprochen werden.

## **Regel Nummer 9: Vermeiden Sie Overtrading**

Haben Sie schon ein paar hohe Gewinne erzielt? Dann ist es Zeit für Feierabend! Vermeiden Sie unbedingt das sogenannte Overtrading. Setzen Sie sich klar definierte Ziele und halten Sie diese auch ein. Sie möchten am Tag 200 Euro erzielen und haben bereits 220 Euro lukriert? Genießen Sie die restlichen Stunden und gehen Sie mit Ihrem Partner/Ihrer Partnerin in Ihr Lieblingslokal!

## **Regel Nummer 10: Belohnen Sie sich**

Sie haben recht ordentliche Gewinne erzielt - nun dürfen Sie sich auch einmal belohnen, weil Sie viele Dinge richtig gemacht haben. Wie wäre es mit einem Urlaub oder einem neuen Fernseher? Sind die Gewinne nicht so hoch ausgefallen, dann besuchen Sie Ihr Lieblingsrestaurant oder belohnen Sie sich mit einer etwas teureren Flasche Wein.

# Weitere Bücher der Investment Academy

Unsere Serie: "Börse & Finanzen"

Entdecken Sie noch heute unsere umfangreiche Serie zum Thema Aktien, Wirtschaft und Finanzen.

Band 1 - Aktien für Beginner

Band 2 - ETF für Beginner

Band 3 - Daytrading für Beginner

Band 4 - Geld Veranlagen für Beginner

Band 5 - Bitcoin für Beginner

Band 6 - Kryptowährungsinvestment für Beginner

# Über die Autoren

Heutzutage suchen die Anleger nach Alternativen. Ob Sparbuch, Festgeldanlage oder Tagesgeldkonto - all jene Veranlagungsformen führen nicht mehr zum gewünschten Erfolg. Selbst die beliebte Lebensversicherung, die vor Jahren noch die Nummer 1 war, wenn man sein Geld anlegen wollte, bringt heutzutage kaum noch Gewinne. Doch alternative Veranlagungsformen werden kaum von Bankberatern empfohlen; zudem fehlen den Anlegern auch die notwendigen Informationen, sodass es mitunter gefährlich sein kann, wenn Sie auf das Bauchgefühl vertrauen. Aufgrund der Tatsache, dass sich viele Veranlagungsformen vom Markt beeinflussen lassen, muss der Anleger also auch wissen, welche Faktoren mitunter verantwortlich sind, die am Ende über Gewinn oder Verlust entscheiden. Genau hier kommt die "Investment Academy" ins Spiel: Die "Investment Academy" ist ein Zusammenschluss mehrerer Autoren, die Ratgeber verfassen, sodass die Anleger Informationen erhalten, wenn Sie sich für alternative Veranlagungsformen entscheiden. Die Bandbreite ist groß; ob Kryptowährungen, Aktien, ETF-Fonds oder auch Immobilien - es gibt zahlreiche alternative Veranlagungsformen, die von den Autoren der "Investment Academy" behandelt werden.

Natürlich handelt es sich bei den Autoren der "Investment Academy" um keine Laien. Die Ratgeber werden von erfolgreichen Anlegern verfasst, die selbst sich natürlich auch selbst mit den unterschiedlichsten Themen beschäftigt haben.

Die Ratgeber der "Investment Academy" sollen vor allem Anfänger ansprechen. Die Autoren verzichten auf komplizierte Fachbegriffe und versuchen, so gut wie möglich, eine Schritt-für-Schritt-Anleitung zu geben, wie das Geld einerseits angelegt und andererseits vermehrt werden kann. In den Ratgebern der "Investment Academy" finden sich aber nicht nur positive Informationen oder Hinweise, dass - mit der richtigen Strategie - jede Veranlagung zum Erfolg führt. Selbstverständlich weisen die Autoren auch auf die möglichen Gefahren hin. Jede Veranlagungsform, ob Aktien, Anleihen oder Immobilien, hat Vor- und Nachteile; der Anleger kann, wenn er das Risiko unterschätzt, sehr wohl Geld verlieren. In den Ratgebern der "Investment Academy" finden sich deswegen auch Tipps und Tricks, wie Gefahren reduziert werden können.
All jene, die ihr Geld in alternative Veranlagungsformen investieren möchten, sollten sich daher mit den Ratgebern der "Investment Academy" befassen. Nur dann, wenn im Vorfeld auch Informationen eingeholt werden, kann die Anlage auch zum Erfolg führen.

www.ingramcontent.com/pod-product-compliance
Lightning Source LLC
LaVergne TN
LVHW020421070526
838199LV00003B/225